von Sylvianne   25 Sept. 2024 –

Mireille Nègre
médite et illustre l'Évangile

Danse avec Jésus

Préface de Mgr Jean-Michel di Falco Léandri
Postface de Éric de Rus
Biographie de Michel Cool

SALVATOR

Photo couverture © Collection particulière / Claude Denis
Photos de l'intérieur © Collection particulière

Toutes les citations bibliques sont extraites de la Bible Osty – Trinquet © Salvator

© Éditions Salvator, Paris, 2014
Yves Briend Éditeur SA
103, rue Notre-Dame des Champs 7-75006 Paris
e-mail: contact@editions-salvator.com
site internet: www.editions-salvator.com

Maquette intérieure : Atelier Thimonier
Couverture : Atelier Thimonier
ISBN: 978-27067-1072-8
Tous droits réservés pour tous pays

« *Nous dansons tous au son d'une musique mystérieuse,
joué à distance par un flûtiste invisible.* »

Albert Einstein (1879-1955)

Préface

Qui aime la vie aime la danse

Danse avec Jésus. Voilà un titre qui surprend ! Comment donc ? Danser avec Jésus ?... Comment est-ce possible ? Quel rêve abracadabrantesque !!! Quelle honte !!!

Désolé. N'en déplaise aux esprits étriqués et aux cœurs desséchés : qui aime la vie aime la danse !

Regardons le roi David. Il est tellement heureux de l'arrivée de l'Arche d'Alliance dans Jérusalem qu'il danse devant elle parmi les ovations et les éclats du cor ! Nulle honte à danser devant le Seigneur tout puissant ! *« C'est devant le Seigneur que je m'ébats »*, répond David à sa femme Mikal qui, l'ayant aperçu depuis sa fenêtre (ou depuis ses *jalousies*), le méprise de s'être ainsi abaissé à tournoyer devant le peuple, tout juste vêtu d'un pagne.

Regardons les Africains. Et je pense en ce qui me concerne aux sœurs malgaches accueillies dans mon diocèse de Gap et d'Embrun. Pas une grande fête où elles ne dansent et où elles ne nous entraînent dans leur joie !

Écoutons Jésus lui-même, interpellant les foules incapables de se réjouir de sa présence : *« Nous avons joué de la flûte, et vous n'avez pas dansé. »*

Regardons les enfants. Ils aiment spontanément danser. Et les saints aussi, qui ont gardé un esprit d'enfance ainsi que le chante Madeleine Delbrêl :

Il y a beaucoup de saints qui ont eu besoin de danser,
Tant ils étaient heureux de vivre :
Sainte Thérèse avec ses castagnettes,
Saint Jean de la Croix avec un Enfant-Jésus dans les bras,
Et saint François, devant le pape.

Et la poète de continuer ainsi :
Si nous étions contents de vous, Seigneur,
Nous ne pourrions pas résister
À ce besoin de danser qui déferle sur le monde,
Et nous arriverions à deviner
Quelle danse il vous plaît de nous faire danser
En épousant les pas de votre Providence.

À soixante-dix printemps, Mireille Nègre répond encore et toujours à cette invitation. Elle ne résiste pas à Dieu. Elle ne résiste pas au besoin de danser. Elle continue d'épouser les pas de la Providence. Elle danse dans son cœur pour plaire à Jésus. Elle danse avec ses doigts sur le piano – car elle compose et cela s'entend dans la musicalité des écrits de cet album. Elle danse avec ses pinceaux – et cela se voit dans les illustrations et les enluminures entièrement de sa composition.

Pour exprimer tout ce qu'il y a en Dieu de vie, de mouvement, de relation, d'échange, d'amour réciproque entre le Père, le Fils et l'Esprit Saint, les grands écrivains chrétiens des premiers siècles ont utilisé sans fausse pudeur les termes *périchorèse* en grec et *circumcessio* en latin ! Des mots qui veulent dire : *danse* ! Et c'est bien dans cette danse de Dieu que Mireille nous invite à entrer, elle qui continue de danser sa vie avec Jésus, dans l'Esprit, vers le Père. En quatorze scènes – de la crèche à la Croix et de la Croix à la Jérusalem céleste –, elle nous prend par la main pour nous emmener dans cette ronde.

Bonne lecture à vous ! Laissez-vous emporter par la danse de la Vie !

Mgr Jean-Michel di Falco Léandri [1]

---

1. Mgr Jean-Michel di Falco Léandri est évêque de Gap et d'Embrun dans le département des Hautes-Alpes.

Et Marie
frissonne
tout à coup

L'ange Gabriel fut envoyé par Dieu dans une ville de Galilée du nom de Nazareth à une vierge fiancée à un homme du nom de Joseph ; et le nom de la vierge était Marie. Il entra chez elle et dit : « Salut, toi qui es comblée de grâce ; le Seigneur est avec toi… Tu as trouvé grâce auprès de Dieu et voici que tu concevras et tu enfanteras un fils, que tu appelleras du nom de Jésus… »

Saint Luc 1,26.

Dans une contrée de Nazareth, une jeune fille nommée Marie compose un bouquet pour l'intérieur de sa maison. Des lis, des roses, des myosotis choisis et cueillis par ses soins jonchent le sol. Elle étudie la meilleure façon de les assembler pour réaliser un tableau floral, comme un artiste peintre. Un vase d'opaline dont la transparence épouse la délicatesse des fleurs est posé à ses pieds.

Soudain, un courant d'air surprit Marie. Un souffle inexplicable se mit à l'envelopper. Surprise, elle laissa tomber un lis de ses doigts… Puis un grand vent s'engouffra dans la maisonnée et des rayons de lumière éclairèrent la nuit.

Le cœur gonflé d'un bonheur soudain, Marie tressaillit de joie ; cette visite inespérée était attendue depuis des siècles par le peuple hébreu. Et voici qu'elle porte en elle-même cette Promesse. Marie reçoit Jésus, celui qui nous sauve de nos terreurs, de nos erreurs, de nos bavures. Celui qui vient nous visiter pour nous

L'Annonciation

donner du courage. Celui qui vient nous accompagner pour surmonter l'adversité.

Cette Annonciation est une incitation à nous abandonner avec confiance aux mouvances de l'Esprit Saint ; à nous distancer le plus possible de notre moi et de nos limites ; à imiter l'humilité adorable de Jésus : ne nous visite-t-il pas d'en haut et se faisant infiniment petit ?

Ce passage d'Évangile m'amène à évoquer un souvenir personnel.

J'avais onze ans. Petit rat à l'école de danse de l'Opéra de Paris, en sortant vers dix-sept heures d'une répétition au théâtre, je me rendais à une leçon de danse, chez Maître Brieux, dans le quartier de Pigalle. Quelque peu en avance, je fis halte dans la belle église de la Trinité. En pénétrant dans la nef, un grand silence solennel régnait en contraste avec la rumeur extérieure. Je remarquais le tabernacle renfermant la Présence réelle en l'hostie. Profondément recueillie, j'ai été saisie intérieurement par le mystère dans lequel je plongeais ; je me laissais immerger par lui avec sérénité. Je fis l'expérience de la vitalité de Dieu, de sa présence réelle et vivante. Je me sentais promise à des noces futures avec cet époux idéal. C'était un amour parfait qui m'était proposé. Je lui apporterais mon consentement en son temps. Dans cette église, j'ai découvert secrètement que j'étais faite pour vivre en ce monde en me laissant portée par le souffle d'un grand vent de paix.

À l'Annonciation, Marie reçoit et entend ce qui était au commencement de tout : la force de la Création à l'œuvre partout dans le monde ; une force d'éveil ; une force de renouveau.

Comme Marie, franchissons avec une absolue confiance la porte de la lumière qui s'est ouverte pour nous.

Jésus voit le jour,
à Bethléem,
dans une crèche

Marie enfanta son Fils, le premier-né, l'enveloppa de langes et le coucha dans une crèche, parce qu'il n'y avait pas de place pour eux à l'hôtellerie.

Saint Luc 2,7.

Vision des anges ! Ce nouveau-né vient de plus haut que les mondes. Issu du Père éternel en son Esprit ; il descend et vient habiter chez nous. Il descendra plus encore au tréfonds de nos passions et soufflera d'un baiser sur nos cendres.

Les animaux présents dans l'étable, autour de la mangeoire qui lui sert de berceau, sont les témoins, avant les rois mages, de cette naissance mystérieuse.

Ils regardent leur Dieu, à eux aussi, tout attendris et ébahis par ce Maître souverain qui les a créés ; Lui si grand en sa petitesse.

L'âne et le bœuf, le gracile mouton, l'agile écureuil et les oiseaux chanteurs apportent chacun leur offrande au Roi de la Création : l'un brait, l'autre beugle cherchant des yeux ce lumineux bébé. L'oiseau pinson dresse un épi de blé pour étoffer sa paillasse, le rouge-gorge lui

La Crèche

apporte une brindille d'orge tandis que la mésange lui chante la mélodie des anges. Chacun dépose ainsi son présent pendant que l'écureuil tapisse la couche de l'enfant.

Un véritable rituel animalier s'accomplit autour du Divin Enfant dans cette étable du premier Noël sur terre.

Ma compagnie des bêtes m'a permis de comprendre combien ceux-ci sont dépendants de l'attention que nous leur portons. Tout chez eux procède d'un rituel. Les animaux domestiques deviennent nos amis grâce à notre compréhension de leur besoin. Ils sont sensibles à nos moindres émotions et nous font fête à toute occasion en remerciement de l'immense respect que nous leur apportons.

Saint François d'Assise, fondateur des Frères mineurs, est également le fondateur des crèches de Noël qui, depuis le Moyen Age, se sont répandues dans le monde entier. Son affection pour la nature et les animaux est bien connue. Il était même parvenu à domestiquer un loup sauvage. La légende raconte qu'il faisait des sermons aux oiseaux pour que leurs chants s'accordent aux chœurs célestes. Il invitait les innocents volatiles à louer Dieu. Ainsi ceux-ci s'envolaient en dessinant dans les cieux une chorégraphie en forme de croix.

En contemplant l'Enfant, son éblouissante simplicité en qui Dieu cache sa divinité, chacun peut retrouver son origine et l'image qu'il est appelé à retrouver et à devenir.

Ne sommes-nous pas bouleversés par la fragilité de ce petit être entièrement livré à nos soins et à nos attentions ?

L'esprit d'enfance est la clé de lecture de cet Évangile. Avec lui nous pouvons laisser cet Enfant-Dieu changer nos cœurs. Avec lui nous pouvons devenir un habitant de son Royaume. Avec lui nous pouvons participer à sa nature divine

Des voix chantent
dans la nuit étoilée
de Galilée

L'ange du Seigneur se présenta aux bergers... « Je vous annonce la bonne nouvelle d'une grande joie, qui sera celle de tout le peuple : aujourd'hui, dans la ville de David, vous est né un Sauveur, qui est Christ. Et ceci vous servira de signe : vous trouverez un nouveau-né enveloppé de langes et couché dans une crèche... » Et soudain se joignit à l'ange une troupe nombreuse de l'armée céleste qui louait Dieu...

Saint Luc 2,10.

Voici un duo musical représenté par ce petit orchestre céleste aux plumages angéliques. Il fait entendre une douce mélodie pour apporter soutien et réconfort aux blessés de la vie.

Des étoiles de neige enveloppent nos anges. Les flocons dansent avec leur singularité dans le ciel azuréen. Chacun d'eux possède un rayonnement particulier, une forme distincte, une grâce... éphémère.

Leur vision magique se rend visible à nos yeux lorsqu'ils forment ensemble un corps de ballet. Mais si l'un d'eux vient à s'isoler, à danser en soliste, sa texture fond, s'étiole et disparaît.

Chacun de nous est particulier, unique, singulier. Mais chacun de nous est aussi pluriel, riche de capacités insoupçonnées à diffuser autour de soi... Chacun de nous, à sa naissance, reçoit quelques

Les anges musiciens

précieux talents à faire fructifier. À nous de les découvrir, de casser l'écorce qui les enferme et d'en faire éclore les bourgeons... En suivant sa bonne étoile et ses bons anges...

Les flûtes et tambourins de ces anges musiciens me rappellent une chorégraphie que j'avais réalisée pour un spectacle. Sur les rythmes de Montserrat, toute la danse se déroulait avec seulement un tambourin à la main. J'inventais des gestes... C'était exaltant de se laisser porter par la cadence émise avec ce petit instrument tout simple. Je portais sur la tête une coiffe russe ornée de galons et de pierres brillantes. C'est ce même galon que j'ai composé pour ces deux anges et placé autour de leur cou.

Noël est une fête qu'aucune ténèbre ne peut assombrir. L'infiniment grand s'immerge dans l'infiniment petit. La naissance de Jésus allume une indicible lueur d'espérance. La mise au monde par Marie du Fils de Dieu inspire une symphonie auréolée d'un silence magistral et paisible qu'orchestrent des doigts d'anges. Avec ces musiciens ailés nous pouvons alors chanter ce psaume du roi David qui préfigurait, bien des siècles avant, la joie incomparable de Noël :

« Louez Dieu dans son sanctuaire
Louez Dieu au son du cor
Louez Dieu sur la harpe et la cithare
Louez Dieu sur le tambourin et par la danse
Louez Dieu sur le luth et la flûte
Louez Dieu avec les cymbales retentissantes
Louez Dieu avec des cymbales de fanfare. »

(Psaume 150)

La Sainte Famille
fuit pour échapper
à la colère d'Hérode

Voici que l'ange du Seigneur apparaît en songe à Joseph et dit : « Lève-toi, prends avec toi l'enfant et sa mère, fuis en Égypte et restes-y jusqu'à ce que je te le dise ; car Hérode va rechercher l'enfant pour le faire périr. »

Saint Mathieu 2,13.

Dans ce tableau l'âne, occupe une place centrale. Il est guidé à l'aide d'une clochette, par un ange envoyé par le Seigneur, pour orienter les migrants. En effet, loin de s'abandonner à la pesanteur des tourments, à la fatigue de la marche, la Sainte Famille doit poursuivre la route ; traverser, à dos d'âne, le désert ! Celui-ci n'est qu'un passage menant vers une terre promise…

L'autre personnage attirant de cette scène, c'est saint Joseph. Il fut alerté en songe par un ange de la volonté d'Hérode de tuer l'Enfant-Jésus. Il arrive assez souvent dans l'Écriture Sainte que les rêves soient porteurs de messages. Même dans la vie ordinaire, c'est possible. Il m'est ainsi arrivé de faire des rêves qui apportaient des solutions à mes problèmes bien réels. Je me souviens que la veille des concours de danse à l'Opéra de Paris, je pouvais imaginer l'effort d'une difficulté en gérant dans mon corps la sensation de façon juste. Ce qui me permettait

La fuite en Égypte

le jour venu de réaliser avec succès l'exercice que j'avais déjà expérimenté dans mon rêve.

Mais revenons à la fuite de la Sainte Famille… Où partir pour échapper aux menaces proférées par le roi Hérode contre l'Enfant-Jésus en qui il voit un rival ? Fuir, oui « fuir en Dieu partout présent ! » recommande saint Augustin. Avant lui, déjà, Pierre avait répondu à Jésus qui testait la fidélité de ses disciples : « Seigneur, à qui irions-nous ? Tu as les paroles de vie éternelle. »

Pourtant, la fuite en Égypte me fait penser à tous les migrants qui, de nos jours, sont forcés de quitter leur pays, leur maison, leur famille parce qu'ils sont rejetés pour des raisons politiques, économiques ou guerrières… Ils sont aussi souvent aussi rejetés par les pays dont ils sollicitent l'asile : en octobre 2013, plus d'une centaine de migrants d'origine africaine ont ainsi péri au large de l'île italienne de Lampedusa. Le pape François qualifia de « honte » ce naufrage mortel et exhorta les croyants à prier « Dieu pour les victimes du tragique naufrage » et pour « tous les réfugiés » du monde.

Joseph est un de ces migrants guettés par le désespoir. Sur ce dessin, il s'est enfoncé dans une souche d'arbre décimée par la tempête. Dans ce tronc creusé par les intempéries, transformé en buisson ardent, il se repose un court instant. Il s'assoupirait volontiers au milieu des racines sculptées à la ressemblance de son âme tourmentée… De son côté, Marie berce Jésus lové dans ses bras. Joseph la regarde : la capacité protectrice de cette mère le remplit d'admiration et de confiance. La sérénité de Marie apaise Joseph quand pointe en lui la tentation de la peur. Loin de se sentir un chef de file, il apprend à prier, à espérer auprès de Marie et en écoutant les balbutiements du petit Jésus. Joseph s'exerce à tout quitter pour vivre avec confiance l'aventure de l'exil.

Jésus, à trente ans, part sur les routes et choisit ses disciples

Jésus vint en Galilée, proclamant l'Évangile de Dieu : « Le temps est accompli, disait-il, et le royaume de Dieu est tout proche : repentez-vous et croyez en l'Évangile. » Et comme il passait au bord de la mer de Galilée, il vit Simon et André qui jetaient les filets dans la mer ; car c'étaient des pêcheurs. Et Jésus leur dit : « Venez à ma suite, et je vous ferai devenir pêcheurs d'hommes. » Et aussitôt, laissant là les filets, ils le suivirent.

Saint Marc 1,14.

Le soleil se reflète à la surface du lac bordée de rochers.

Le sable chaud et doré du rivage est un témoin du pèlerinage terrestre de Jésus. Un tronc d'arbre entrelacé laisse apparaître des fleurs à droite du dessin. Au premier plan, une fleur s'incline, semblable à un turban. Juste à coté plusieurs salicaires allongent leurs tiges parées de fleurs rosacées. À gauche des épis à fin duvet se dressent ornés de capitules minuscules et flottent au vent chaud de Palestine. Tout ce paysage s'épanouit gracieusement, gratuitement, offrant au ciel un nuancier de couleurs.

Sous la lumière de son Père, qu'évoque ici le reflet de « l'astre d'en-haut » sur l'eau, Jésus croît en humanité à Nazareth dont les toits se profilent à l'horizon. Le village se trouve, à vol d'oiseau, à une vingtaine de kilomètres du lac de Tibériade. Il y reçoit l'instruction de Marie, sa mère, et de Joseph le charpentier, son père nourricier. Comment, en contemplant ce

Le lac de Tibériade ou mer de Galilée

paysage de Galilée aux douces collines et aux vallées verdoyantes, Jésus n'aurait-il pas puisé l'énergie et l'enthousiasme dont il avait besoin pour s'en aller bientôt prêcher la Bonne Nouvelle du royaume de Dieu à ses compatriotes ? C'est aussi autour de ce même lac que Jésus va recruter ceux qu'il appellera ses disciples. Comme un arbre tout seul a besoin de s'associer à d'autres pour former un buisson ou une forêt, Jésus a fait éclore douze apôtres pour transmettre l'Évangile ; pour que cette fraternité qu'il avait créée autour de lui porte du fruit et que « la moisson soit abondante ». Le lac de Tibériade est une relique apostolique exceptionnelle dont l'environnement – heureusement sauvegardé – nous parle encore maintenant du Christ Jésus ; de toutes les merveilles qu'il a faites en ces lieux et dont les paysages silencieux ont conservé la mémoire ineffable. Sur ces rives sauvages mouille une onde tranquille qui permet à la paix d'envelopper nos pas de danse humaine. Comme disait le poète Stéphane Mallarmé : « Courons à l'onde pour en ressortir vivant ! » Ce besoin de libération n'est-il pas vital ? L'envie de s'immerger dans les eaux d'un lac ou d'un océan fait partie des petits bonheurs de la vie. Souvenirs : adolescente et petit rat, j'étais partie en colonie de vacances, avec l'Opéra de Paris, à Biarritz. Après un gala où nous avions dansé en plein air sur une musique de Frédéric Chopin, nous rentrions chez nous en tenue de soirée. C'était une belle nuit d'été, encore chaude après la température caniculaire qu'il avait fait ; une lune rousse se mirait sur la mer étale… Devant ce merveilleux spectacle notre animatrice s'arrêta et l'idée lui prit de nous inviter à prendre un bain de minuit. Nous sommes entrées dans la mer en exécutant une farandole. Après, nos robes du soir étaient salées par l'eau de la mer, mais personne ne s'en plaignit tant ce moment nous avait ravies !

Chemin faisant, marchons par-delà les soucis, savourons chaque instant comme une bribe d'éternité, et laissons-nous transporter, comme ceux qui l'écoutaient autour du lac de Tibériade, par les paroles de vie de Jésus.

*Devant de grandes foules,
il parle de son Père
en paraboles*

> *Jésus dit encore : « Un homme avait deux fils. Le plus jeune partit et mena une vie de désordre. Quand il eut tout dépensé [de son héritage] et se trouva dans la misère, il réfléchit : je vais retourner chez mon père... Tandis qu'il était encore loin, son père l'aperçut et fut saisi de pitié ; il courut se jeter à son cou et l'embrassa tendrement... »*
>
> Saint Luc 15,11.

Ce dessin montre un père de famille, muni d'une fourche, qui s'apprête à partir au champ où travaille déjà son fils aîné. Il est sur le pas de sa porte... Il a le cœur lourd... Ne doit-il pas se rendre de bon matin fourcher le blé à la place de son deuxième fils qui a fugué depuis plusieurs jours ? Soudain qu'aperçoit-il au fond du chemin rocailleux ? Le fils qu'il avait perdu !

La joie du père est à son comble. Il ne sait que faire pour que son fils retrouve l'ardeur de vivre après qu'il se soit perdu dans les méandres d'une existence factice. Il voudrait transformer les abîmes de son cœur en rebonds d'espérance. Il voudrait que son fils ne plonge plus dans la déchéance, ne connaisse plus les sentiments de culpabilité et de honte qui font se lamenter le psalmiste : « Tous les jours ma déchéance est devant moi, la honte couvre mon visage » (Ps 43).

Aucun reproche dans l'accueil du Père ! Il reçoit son fils les bras grands ouverts. Que lui importe s'il revient les mains vides, les pieds salis et meurtris par le

La parabole du fils prodique

vagabondage, le ventre creusé par la faim, la bourse vide... Débordant d'amour, le père met tout en œuvre pour organiser une fête. Dans cette parabole, c'est en effet le Père qui a l'initiative ; il fait tout !

Une seule chose le contrarie : l'absence de joie du frère aîné, terriblement jaloux devant ses démonstrations d'affection pour ce frère cadet qui a dilapidé l'argent et terni la réputation de la famille. Mais rien, vraiment rien ne peut arrêter la bonté surabondante et régénératrice du père.

Sous les traits de ce papa au « cœur plus grand que les cieux », Jésus nous parle bien sûr de son propre Père. De ce Dieu, dont le peuple d'Israël était obsédé par la crainte qu'il lui inspirait. Il avait oublié qu'il faisait pleuvoir son pardon aussi bien sur les bons que sur les méchants ! Il faut la miséricorde démesurée d'un tel Père pour que ses enfants pécheurs soient lavés de leur honte et prennent conscience que l'avenir reste ouvert devant eux malgré toutes leurs erreurs commises. Mais ce Père compte aussi que nous prenions notre part active dans cette œuvre de rédemption.

Le Dieu de Jésus rêve que nous puissions nous aimer comme Lui, son Fils et le Saint-Esprit nous aiment : à la mesure de l'amour qui circule entre eux. C'est cette valse au rythme trinitaire que semblent amorcer sur le dessin le père et son fils.

Vous trouvez que le fils prodigue porte les traits de Jésus ?

Jésus s'identifie à chacun de nous ; il est dans le Père miséricordieux ; il est dans le fils perdu mais retrouvé, il est dans le frère aîné resté fidèle qui attend plus de reconnaissance ; il est présent dans chacune de nos vies, nous offrant sa paix, sa patience infinie et son pardon démesuré.

Il nous donne toujours la possibilité de rebondir après chacune de nos chutes ; de nous laisser nous réintroduire dans l'amitié de ce Dieu qui nous cherche depuis la nuit des temps, car il nous veut dans son intimité la plus intime.

Nous pouvons ainsi toujours lui revenir car Lui, il fait le premier pas et nous enveloppe dans ses pas de danse : « Joie pour les cœurs qui cherchent Dieu ! Recherchez sans trêve sa Face » (Ps 104).

Jésus se compare
à une source
d'eau rafraîchissante

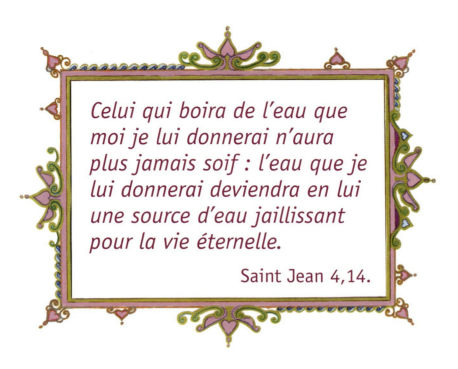

Celui qui boira de l'eau que moi je lui donnerai n'aura plus jamais soif : l'eau que je lui donnerai deviendra en lui une source d'eau jaillissant pour la vie éternelle.

Saint Jean 4,14.

Il est une source qui ne tarit jamais. Elle alimente les rivières, les fleuves et les ruisseaux qui se jettent ensuite dans les océans et les torrents. Elle chemine dans les vallées, au milieu des ravins et charrie bois, pierres et alluvions sans perdre sa pureté et sa fraîcheur. Le feu ne peut la consumer...

« Quand Dieu fit le ciel et la terre, l'Esprit planait sur les eaux », nous dit la Genèse. Cet Esprit agit en ondes vivifiantes. Partout où passe ce courant indicible une résurrection, une transformation s'opèrent : celles de l'homme et la femme créés à la ressemblance de Dieu.

Cette eau, Jésus l'offre à boire à la Samaritaine qu'il rencontre en chemin près d'un puits. Si quelqu'un a soif, nous dit Jésus, « qu'il vienne à moi et qu'il boive, car de lui couleront des fleuves d'eau vive ! ».

Dans mon parcours parfois chaotique, j'ai souvent dû rebondir devant des obstacles qui surgissaient devant moi : passer d'une carrière artistique publique à une vocation religieuse cloîtrée ; passer de

La source d'eau jaillissante

la scène à l'effacement et la solitude… tout cela n'a pas été facile à assumer. Mais ces passages m'ont amenée à réaliser que l'art de la danse demeurait une composante essentielle de mon identité.

Ainsi quand j'improvise un morceau au piano, je reste danseuse, en ayant les yeux rivés sur une partition vierge pour faire jaillir des accords parfaits selon les lois de l'harmonie.

De même, quand je tiens un pinceau entre mes doigts, je reste danseuse en orientant mon regard vers la lumière…

Quand j'écris une lettre ou une méditation, c'est toujours une danseuse qui exprime une pensée, une prière, en faisant danser son stylo et jongler des mots sur les pages…

Tout cet élan artistique visant la plénitude me fait toujours poser cette question: mais où donc commence et finit la danse ?

Antérieure à l'invention de tout vocabulaire, la danse avait à l'origine une fonction sacrée. Elle s'enracine d'abord en nous avec notre rythme cardiaque et notre respiration vitale avant de s'exercer au-dehors.

Elle est une manifestation de cette « source d'eau jaillissant pour la vie éternelle » dont parle Jésus et où « l'Éternel danse en toi avec des cris de fête » (Sophonie).

Dieu n'a-t-il pas conçu l'univers comme un immense opéra ? Le ballet des constellations, la sarabande des étoiles et des comètes, la valse des vents, la danse perpétuelle de l'éphémère et du permanent… Tout ce qui existe visiblement et invisiblement n'est-il pas issu de l'acte créateur d'un chorégraphe au génie divin ?

Un père grec de l'Église des premiers siècles me propose une réponse qui ne peut que me plaire, car j'ai consacré ma vie à danser avec Jésus. Cet auteur se nomme saint Basile le Grand. Il se demandait ainsi si la meilleure façon d'adorer le Seigneur n'était pas « de danser dès ici-bas comme le font les anges du ciel ».

Jésus pleure,
trahi et abandonné
par ses amis

Et ils arrivèrent dans un domaine du nom de Gethsémani, et il dit à ses disciples : « Asseyez-vous ici, tandis que je prierai. » Il commença à ressentir frayeur et anxiété. Et il leur dit « Mon âme est triste à en mourir... » Il tombait à terre et priait que, s'il était possible, cette heure passât loin de lui.

Saint Marc 14,32.

Avant le grand procès qui va le condamner à mort, Jésus s'arrête sous un olivier au tronc épais et tortueux, qui évoque la terrible épreuve qu'il traverse. Non loin de lui, une petite branche de pin perce le sol pierreux et tente de pousser près de l'olivier. Une légère odeur de résine entoure Jésus, un peu comme de l'encens qui diffuserait son parfum autour de l'autel des martyrs.

Ses apôtres se sont endormis un peu plus loin... Ils ne comprennent rien à la tournure tragique que prennent les événements. Comment croire que celui qu'ils aiment et révèrent comme l'envoyé de Dieu, le prédicateur au verbe merveilleux, le thaumaturge capable de guérir les lépreux, de rendre la vue aux aveugles et même de ressusciter des morts, va être arrêté par la maréchaussée du Temple comme un vulgaire brigand ?

Jésus s'est laissé choir sous l'olivier et il élève vers son Père ce cri, sa prière de supplication: « Que ce calice s'éloigne de moi, cependant que ta volonté soit faite. » Comment ne pas penser, devant cette

Jésus au jardin de Gethsémani

scène, à la longue cohorte des martyrs de la foi qui ont murmuré les mêmes mots avant d'être suppliciés ? Ils n'ont jamais été aussi nombreux ! « Aujourd'hui, au XXIe siècle, notre Église est une Église de martyrs », rappelle souvent le pape François. Souvenons-nous : le Christ est en ce moment crucifié quelque part dans le monde !

Mais revenons à ce dessin qui représente Jésus, seul, dans le soir tombant sur Gethsémani. Je l'ai exécuté au Carmel de Limoges où j'ai vécu dix ans de ma vie. Il m'a été inspiré par les longues heures que je passais seule dans ma cellule à penser à ma vocation. Les questions qu'elles me posaient ainsi qu'à ma communauté et la dégradation de mon état de santé obligèrent à différer plusieurs fois la date de mes vœux solennels. Je me suis ainsi retrouvée dans la posture que j'imaginais être celle de Jésus à Gethsémani : l'angoisse de l'avenir, le doute sur soi-même, la peur de souffrir… J'ai fini par comprendre que ce qui importait le plus c'était l'engagement irrévocable que j'avais pris d'être fidèle à Jésus ; la forme qu'il devait prendre m'apparut dès lors comme une question relative et secondaire. Maintenant, ayant reçu de l'Église le statut de vierge consacrée et restant en lien d'amitié avec les carmélites de Limoges, qui m'avaient accueillie après mon départ de l'Opéra de Paris, je poursuis mon vœu le plus cher : vivre dans l'intimité de Jésus, avec lui seul pour époux, dans la fidélité à sa parole et à son amour.

Avant de faire des choix de vie aussi importants, il peut arriver que nous nous sentions extrêmement seuls, notre entourage s'étant effacé et personne ne pouvant nous aider. J'ai eu souvent l'occasion d'associer mon cri à celui de Jésus sur la croix : « Père, pourquoi m'as-tu abandonné ? », Jésus a vécu toutes les épreuves que nous pouvons rencontrer. Mais comme nous le verrons dans la prochaine scène, son Père nous envoie aussi des anges pour que « nos pieds ne puissent heurter les pierres ».

Durant son agonie,
Jésus implore
le réconfort de son Père

> *Et, fléchissant les genoux, Jésus priait en disant : « Père, si tu veux, éloigne de moi cette coupe ! Cependant, que ce ne soit pas ma volonté, mais la tienne, qui se fasse. » Alors lui apparut, venant du ciel, un ange qui le réconfortait. Entré en agonie, il priait de façon plus pressante, et sa sueur devint comme de grosses gouttes de sang qui tombaient à terre.*
>
> Saint Luc 22,41.

Le Père envoie un ange dans le jardin de Gethsémani consoler Jésus pendant que les apôtres dorment à distance. La créature ailée comme un papillon géant vient porter Jésus avant que le lendemain, sur le chemin du Golgotha, il ne porte lui-même sa croix.

Mais Jésus porte déjà en cet instant le poids du monde. Abandonné de tous, son amour n'est pas reçu.

Tout va à présent s'accomplir comme il est écrit dans les Écritures. Il est le Serviteur souffrant, annoncé par le prophète Isaïe, qui réalise en sa chair le dessein de Dieu : sa volonté de sauver le genre humain en renouvelant son cœur.

L'ange envoyé du Ciel nous invite à regarder au-delà des ruines de ce monde, au-delà du mal, de la violence et de la souffrance. Il soutient Jésus qui ploie par

L'ange consolateur de Jésus

anticipation sous les flagellations, les coups, les blessures qui vont s'abattre, après sa condamnation à mort, sur sa pauvre enveloppe corporelle livrée à la férocité débridée des hommes. Déjà, Jésus pleure des larmes de sang...

Partout où des larmes coulent sur la terre, un ange est dépêché pour alléger le chagrin, l'effondrement, la souffrance qu'elles expriment.

J'étais adolescente quand je suis entrée dans le corps de ballet de l'Opéra. Un jour, j'appris la terrible nouvelle du décès du mari de Madeleine Lafon : elle était la danseuse étoile que j'admirais le plus sur scène et dans la vie. Elle était effondrée par ce deuil.

J'eus l'idée de lui écrire un mot pour essayer de l'aider de mon mieux. Je ne reçus aucune réponse. Aussi je craignais d'avoir raté mon but par je ne sais quelles maladresses de vocabulaire. Cette question me tourmenta longtemps. Huit années plus tard, j'eus l'occasion de préparer mon concours de première danseuse avec elle en travaillant la variation de *Suite en blanc* que le danseur et chorégraphe Serge Lifar avait créé pour elle. Ce fut un bonheur indéfinissable de travailler avec elle et sa gentillesse n'avait pas d'égal. Pour soutenir mes efforts, elle avait préparé dans un thermos une infusion de thym qu'elle a su me faire apprécier. Puis au moment de se quitter, Madeleine ouvrit son sac à main, fit glisser la fermeture éclair de la pochette intérieure et en sortit un billet plié en quatre. Elle le déplia et je reconnus la lettre que je lui avais envoyée lors du décès de son mari.

Les yeux pleins de larmes, elle me confia que mon courrier ne l'avait jamais quittée, tellement il lui avait apporté de réconfort. Enfin rassurée sur les bienfaits de mon message, je fus plus encore émue à l'idée de lui avoir donné un peu de consolation.

N'est-ce pas là un signe, une preuve de la présence des anges à nos côtés quand nous traversons les mystères douloureux ? Ne sommes-nous pas tous, à certains moments, les uns pour les autres, des anges consolateurs ?

Marie se tient
au pied de la croix
près de son fils

Près de la croix de Jésus se tenait sa mère...

Saint Jean 19,25.

Quand Jésus rend son dernier soupir, Marie est au pied de la croix et recueille ses dernières paroles. Les paupières closes, Jésus communique avec sa mère ce qu'aucun regard ne peut percevoir, ce qu'aucune science ne peut comprendre.

Le corps de Jésus a été bafoué, écartelé et suspendu par des clous à une poutre… Marie a vécu se supplice dans un total partage. En lui donnant la vie terrestre, elle lui a également donné la possibilité de mourir. Jésus meurt volontairement. Par amour pour nous. Pour nous sauver de nous-mêmes une fois pour toutes.

Marie douloureuse, transparente, transpercée médite le mystère douloureux de la mort de son fils. Si quelqu'un avait pu mettre son oreille tout près de son cœur, voilà peut-être ce qu'il aurait pu entendre de son dialogue avec Jésus :

« Où reprendre Souffle alors que le dernier soupir de ton corps déchiré te laisse inanimé sur la croix ? Quelle est cette douleur qui traverse ma poitrine en broyant les entrailles qui t'ont donné la vie mortelle ? Oh mon fils ! Comment entendre tes paroles de vie éternelle désormais, sinon en les écoutant résonner dans la mémoire de mon cœur ? Où trouver maintenant ta Présence, mon Divin Enfant ?

La nouvelle maternité que tu me confies prolonge celle que j'ai acceptée en disant

Marie au pied de la croix

oui à l'archange Gabriel et en te donnant la vie dans une crèche de Bethléem. Ta mère je l'ai été, en acceptant avec Joseph de prendre la route de l'exil, pour te sauver du massacre des Saints Innocents. Ta mère je l'ai été, en acceptant tous les risques d'incompréhension et d'opprobre que me valaient tes sermons... À cause de ces médisances, te voici crucifié, comme un esclave de l'Empire romain.

Mais parce que tout être humain est cher au cœur de Dieu, tu as prononcé sur ta croix ces mots ultimes qui bouleversent tous ceux et toutes celles qui, en ce monde, souffrent d'être rejetés: « Père pardonne leur, car ils ne savent pas ce qu'ils font. »

Cette fois ce n'est pas Moïse qui intercède pour le peuple hébreu au mont Sinaï, mais c'est toi le fils unique bien-aimé de Dieu. Les bras ouverts, tu embrasses l'humanité sans les refermer sur quiconque, car c'est pour tous et pour chacun que tu meurs: pour le bon comme pour le mauvais larron !

C'est pourquoi tu me confies une nouvelle maternité, en m'offrant l'apôtre Jean, comme fils adoptif. Mais Jésus ! Point n'est besoin de te montrer à mon regard ; les apparitions, réserve-les à tes disciples qui, comme Thomas, en ont besoin pour croire que tu es vivant au-delà du sombre passage de la mort.

Moi, je te vois dans la foi et je t'offre l'asile en mon cœur jusqu'à la fin de ma vie, jusqu'à la fin des temps. »

Mon expérience religieuse au Carmel a été un temps privilégié pour m'apprendre à méditer sur les grands mystères chrétiens et la façon dont Marie les a vécus. J'ai réalisé ce dessin dans ma cellule au Carmel pendant les fêtes pascales. Trop fatiguée par les privations du Carême, j'étais malade et recluse. Me relèverais-je de ma fosse ? Le calvaire précède la fête inouïe de Pâques. Comme dit le psalmiste : « Dieu fait danser les os qui ont été broyés. »

À Pâques, Marie-Madeleine, découvre le tombeau vide

Et voilà qu'il s'était fait un grand ébranlement ; l'ange du Seigneur, en effet, était descendu du ciel et, s'avançant, avait roulé la pierre... Il avait l'aspect de l'éclair.

Saint Mathieu 28,2.

« Pourquoi cherchez-vous le Vivant parmi les morts ? Il n'est pas ici, mais il s'est relevé. »

Saint Luc 24,5.

Dans le chaos primordial de la Création planétaire... « L'Esprit planait sur les eaux », dit la Genèse.

La puissance de ce Souffle se manifesta dans plusieurs autres scènes bibliques... En la nuit de Pâques, alors que Jésus repose dans le tombeau, nous assistons à un remous impétueux charriant terre, eau, air...Tous les éléments de la nature sont secoués.

La pierre qui fermait l'ouverture de la grotte a été déplacée par une force venue du ciel, orchestrée par la colombe de l'Esprit saint. Le tombeau s'en trouva vide. Un pont, au lointain, rappelle la passerelle que Dieu a établie entre sa divinité et l'humanité.

Que d'impasses rencontrées dans ma vie qui ont trouvé une porte de sortie inattendue ! L'absence, en ce monde, de

Le tombeau vide de Jésus

mes proches, parents et amis, m'a laissée dans un abîme de solitude, un vide immense. Tout sonne creux en période de deuil. Mais quand la vie reprend le dessus, c'est tout différemment que la route. Certaines convoitises paraissent superflues et de très petite choses prennent de l'importance : une fleur cueillie au bord d'un lac, un oiseau qui picore, un petit chien qui se fait câliner. Toutes ces petites consolations compensent le vide sans toutefois le remplir. C'est la valse de la vie : avec ses mouvements de bonheur et de malheur. Mais le réconfort sans égal vient de Jésus. Sa présence nous est donnée par les sacrements de l'Église. Et en lui, nous pouvons retrouver nos chers disparus plus vivants que jamais.

L'Esprit qui planait sur les eaux souffle sur nous.

Il nous relève pour fredonner la mélodie des anges et nous achemine vers un accomplissement.

Ce qui ne peut mourir subsiste.

L'horizon se lève sur une promesse plus stable que toute sécurité mondaine.

Un espoir se dresse plus durable que l'aurore.

Chacun de nous est unique : il a été touché par le doigt de l'Éternel pour connaître une vie sans déclin.

« Quand ils traversent les vallées de la soif, les hommes dont tu es la force la changent en source » (Ps 83, 7 – Isaïe).

Le Seigneur est vivant !
Ses disciples l'ont vu
et Thomas l'a même touché

> *Jésus se manifesta aux disciples sur les bords de la mer de Tibériade… C'était la troisième fois qu'il se manifestait aux disciples après être ressuscité d'entre les morts.*
>
> Saint Jean 21,1.
>
> *Il se tint en personne au milieu d'eux et leur dit : « Paix à vous ! »*
>
> Saint Luc 24,36.

Jésus ressuscité apparaît sur le lac de Tibériade.

La vie à ses côtés fut pour les apôtres une expérience de réconfort inimaginable. Ils le suivaient sur les routes de Galilée dans les villages et bourgades. Ils se sentaient privilégiés de voir le Messie évoluer et délivrer ainsi son enseignement à tout vent, et guérir les faibles, les malades, les puissants comme les savants.

Leur séparation en des circonstances tragiques et ignominieuses les laissa noyés de chagrin. Ils se sentirent dépossédés de leur raison de vivre. Mais Jésus, après s'être libéré du tombeau, est venu vers eux. Comme depuis toujours, il aime le premier. Le troisième jour après sa mort, puis les journées qui suivirent, il apparut à un grand nombre de ses disciples. « La Paix soit avec vous » leur disait-il en guise de salutation

Les apôtres l'avaient déjà vu marcher sur les eaux au cours d'une tempête déchaînée. Mais cette fois, Jésus ne fait qu'un avec l'eau, l'air et le feu.

Son corps glorieux passe à travers des

Jésus se manifeste sur le lac de Tibériade

murs de pierre. Mais c'est pour se rendre accessible, proche du cœur qui écoute et qui relit ses paroles. Le sens de l'enseignement de Jésus prend toute son ampleur depuis qu'il s'est donné en nourriture, en instituant l'Eucharistie, le soir du Jeudi Saint. L'esprit du Ressuscité répond à nos demandes et accompagne notre quête de vérité, notre recherche de Dieu, notre soif de connaissance, notre faim de justice et notre désir de paix.

Lorsque j'étais au Carmel, il était de tradition que chaque sœur puisse annuellement se retirer dans un ermitage, pendant quelques jours, voire une semaine entière, avec pour seuls bagages la bible et quelques livres d'études pour approfondir notre intelligence de la foi. C'était une libération de nous sentir soudain affranchies des petits devoirs quotidiens et de suivre la liturgie à une certaine distance de la communauté. Nous cherchions ainsi à retrouver l'axe de nos vies, solitairement, tout en étant reliées fraternellement à l'humanité pour laquelle nous étions responsables d'intercéder.

La mère prieure avait pour habitude de nous rappeler que, « au début du séjour en solitude, on se figure, ensuite vient l'étape où l'on se défigure et puis enfin vient celle où l'on se transfigure ». Le suivi de ces étapes implique de l'expérience et de la sagesse.

Il en est ainsi de tout ce qui cherche à exister : la composition d'une œuvre artistique – en peinture, en danse ou en musique – implique que l'artiste fasse, lui-aussi, un saut dans le vide avant d'aborder l'autre rive et de réaliser son projet.

La conversion est de même un mouvement permanent qui permet au chercheur de Dieu de se réactualiser tout au long de sa vie. Au début, il connaît l'emballement puis le doute et enfin l'accomplissement.

L'esprit créateur vient nous visiter à la manière de Jésus apparaissant devant ses disciples : il n'hésite pas à bousculer nos manières de voir et nos pas de danse habituels. Car il sait bien que les digues de protection que nous avons dressées en nos âmes ne résistent pas au souffle laissé par ses visitations.

Puis je vis
un ange
descendre du ciel

« *Qui a des oreilles entende ce que l'Esprit dit…* Au vainqueur, je lui *donnerai de la manne cachée ; et je lui donnerai aussi un caillou blanc, et écrit sur ce caillou* un nom nouveau, *que nul ne connaîtrait, sinon celui qui le reçoit.* »

Apocalypse 2,17.

Voici l'ange de l'Apocalypse ! D'un mouvement lent et pourtant vif, il soulève le rideau du voile, derrière lequel se tiennent cachés les secrets du roi : le sens de la vie et la vision de Dieu.

Par son geste, qui évoque celui d'un danseur, l'ange sollicite notre espérance. C'est celle que l'enfant en nous garde précieusement cachée sous notre apparence et notre carapace d'adulte. Cette espérance est munie d'un savoir : celui de faire battre le cœur d'une étoile. Seul un enfant sait écrire un poème sur un soufflet de neige, inventer des rondes et faire sauter des grilles pour libérer l'oiseau de sa cage.

L'enfant qui est en nous sait parler à son Père des cieux, père des vivants et des morts, père des absents, père de tous ceux qui cheminent sur cette terre. Un enfant sait épeler des mots plus tendres que les fleurs et quand il mène la danse, alors le ciel se déchire et le monde est recréé.

L'ange de l'Apocalypse

Oh mon Dieu, l'encre de tes paroles colore les océans !

Un peu de ton sable sur les paupières du monde, et une goutte d'or déposée sur son front et la vie devient un rêve qui enchante, un fleuve éclatant. Même lorsque le loup rode et fait peur aux agneaux, toi seul sais nous parler de chiffres, de noms, d'étoiles et même de chagrins, avec des mots qui jamais ne nous font mal.

Saurons-nous revenir sur nos pas sans jamais revenir en arrière ?

Saurons-nous avancer sans jamais nous retourner, et sans jamais en même temps oublier de revenir à toi, pour te dire merci ?

Saurons-nous bondir dans l'éclat du jour, en pressant le pas vers toi, mon Dieu, qui viens vers nous ?

Saurons-nous te dire merci pour ta clémence, lorsque tu guéris en moi l'aveugle sur le chemin, le boiteux qui hésite, le paralysé par tant de peurs ?

Saurons-nous ne jamais te quitter, Seigneur mon Dieu, lorsque l'on frappe à ma porte, lorsque le téléphone sonne et que tinte le gong de la pendule et que tout cela – qui dérange – me rappelle que le temps fuit à toute vitesse et qu'il faut agir pour ton Royaume ?

Les méchants fantômes ont pris la poudre d'escampette. Jamais plus ils n'importuneront la foule des bienheureux qui séjournent dans les nuées. Jésus l'a dit : des remparts les séparent pour qu'ils ne viennent plus inquiéter les humains et blesser les brebis.

Avec le chagrin qui embrume les jours et le bonheur qui luit comme une étoile, j'ai ce qu'il faut pour accomplir l'offrande du soir dans l'amour de Dieu.

Chacune de tes paroles, ô mon Dieu, est une goutte d'espérance sur notre terre aride. L'attente du monde à venir a le sourire de l'innocence. Derrière l'ange de l'Apocalypse qui danse dans le miroitement de l'étang, nous voyons poindre à l'horizon le Royaume paré de toutes les couleurs de l'arc-en-ciel : « Sa venue est aussi certaine que l'aurore » (Osée 6, 4).

*Voici la demeure
de Dieu
avec les hommes*

Et je vis un ciel nouveau et une terre nouvelle ; car le premier ciel et la première terre s'en étaient allés, et la mer n'est plus. Et je vis la Ville sainte, la Jérusalem nouvelle, qui descendait du ciel d'auprès de Dieu...

Apocalypse 21,1.

Bienheureuse Cité sainte où la Paix règne sans nuage : voici « le château invisible de notre éternité promise » !

Une nuit au Carmel, j'ai fait le rêve de cette maison céleste. Dans le ciel des nuages s'écartaient et je vis une licorne semblable à un cheval blanc. Son pelage était couleur ivoire. Elle chevauchait à l'entrée d'un château. Toutes les portes s'ouvraient et permettaient d'entrer où on voulait. Plus besoin de conquérir un bout de terre pour s'approprier son coin du ciel, chacun avait droit à sa part. Tout était à tous. Mais chacun avait un endroit ajusté à ses besoins, à ses désirs, à ses rêves.

Ce rêve m'invitait à en découvrir le sens. Je le trouvais dans les paroles de Jésus qui nous assure de rester avec nous jusqu'à la fin des temps. Il a rejoint le Père pour nous préparer une demeure, mais en attendant, il nous envoie sa force pour bâtir avec lui, dès ici-bas, la Jérusalem

La Jérusalem céleste

céleste. Il nous donne assez d'esprit d'enfance pour résister à l'usure du temps ; il nous donne assez de confiance en soi pour alléger notre attente ; il nous donne assez d'amour pour en donner aux autres.

Aussi tout ce pour quoi nous avons œuvré sur cette terre trouvera son achèvement dans la Cité du ciel. Et pourtant : « Si le Seigneur ne bâtit la maison, en vain peinent les bâtisseurs. » Car c'est quand même lui qui conduit jusqu'à la connaissance la foi qui nous habite. C'est lui qui mène jusqu'à son édification, la Jérusalem céleste à laquelle chacun de nous apporte sa part de main d'œuvre. Nous travaillons au-dehors et lui bâtit au-dedans. C'est pourquoi la lueur de cette aube nouvelle pointe déjà dans ce monde qui passe. Elle transperce dans tous les élans de fraternité humaine dont nous sommes témoins ou acteurs.

Cette fraternité préfigure la communion des saints que nous connaîtrons dans la Cité sainte. Nous y recevrons la capacité d'aimer qui est en Dieu. Chacun sera reconnu, apprécié et recevra une part du Ciel à sa mesure :

Le danseur aura sa classe de danse et la piste de scène pour évoluer ;

Le musicien aura son instrument favori et son inspiration à fleur de peau ;

Le peintre aura son atelier et des couleurs à satiété pour louer Dieu ;

Le savant aura son laboratoire et la science de Dieu ;

Les papas et les mamans le seront des enfants du monde entier ;

Comment s'élever dans les hauteurs pour atteindre la Jérusalem céleste ? Jésus, qui s'est fait homme pour aimer le monde, nous montre la voie : il faut pratiquer la charité, œuvrer avec justesse à la justice, défendre la paix, sauvegarder et contempler la Création... C'est parce que nous sommes enracinés dans les entrailles de l'humanité que Jésus peut nous tirer vers le haut et nous doter des ailes de l'espérance qui aident à voler plus haut.

C'est à chacun de donner sa couleur à la pierre de construction de la Jérusalem céleste. Le paradis de nos rêves dépend de nous ! C'est le rêve de tous les vivants qui croient au Vivant : Jésus avec qui j'ai dansé ma vie !

La vie extraordinaire d'une danseuse consacrée

L'enfance

Mireille Nègre est née le 18 décembre 1943 à Paris. Cadette d'une famille de trois enfants, elle coule des jours heureux, choyée par des parents attentionnés. Mais dès l'âge de 2 ans, elle connaît l'épreuve de la souffrance : la petite fille a le pied gauche broyé par un ascenseur. Elle subit plusieurs opérations délicates pour éviter la mort par gangrène et l'amputation. Exploits de la chirurgie : sa vie est sauvée et son pied, mutilé de deux doigts, est cependant reconstitué. Pour lui rendre sa souplesse, un médecin recommande à Mireille de suivre des cours de danse. À 4 ans, elle prend ses premières leçons chez Mademoiselle Bourgat dont Brigitte Bardot fut l'élève. Les exercices font atrocement souffrir Mireille. Elle serre les dents pour se tenir droite sur la pointe des pieds. « Cette expérience de la souffrance a fortifié ma volonté, dit-elle. Elle m'a aussi habitué à vivre à un certain degré de vie intérieure. » Manifestant une passion exclusive pour la

danse, Mireille est inscrite par son père à l'école des petits rats de l'Opéra de Paris. Elle a 8 ans.

L'Opéra

Malgré son handicap physique qu'elle réussit à dompter et les méchantes jalousies que provoquent autour d'elle son talent et sa grâce, Mireille connaît une ascension fulgurante. Remarquée par le danseur et chorégraphe Serge Lifar, elle entre à 15 ans dans le corps de ballet de l'Opéra de Paris. À 17 ans, elle part en tournée en Amérique du Sud, avec Claude Bessy, fameuse danseuse étoile de l'époque. Promue première danseuse de l'Opéra de Paris, Mireille est l'interprète recherchée des grands chorégraphes Serge Lifar, Roland Petit ou encore Rosella Hightower. Elle est aussi la partenaire favorite des danseurs alors les plus ovationnés ; elle danse ainsi, en 1965, avec le merveilleux danseur-étoile russe Rudolf Noureev dans le célèbre ballet de Tchaïkovski *La Belle au bois dormant*. Au zénith de sa forme physique et artistique, Mireille connaît les vertiges de la gloire que lui procurent les tournées dans les plus grandes villes du monde, les cris d'admiration et les bouquets de fleurs que lui adresse le public.

Starlette

Mireille Nègre a à peine 15 ans quand elle est propulsée sur la scène médiatique par la publication d'une photo d'agence dans un grand hebdomadaire, *Paris-Match*. Les publicitaires, les photographes de mode, les journalistes et les cinéastes s'arrachent alors l'image de cette enfant prodige de la danse. En 1959, le réalisateur Pierre Granier-Deferre lui fait tourner un film inspiré d'un conte de Paul Vialar, intitulé – ironie du sort – *Le petit garçon de l'ascenseur*. En 1962, elle figure, à côté de Philippe Avron, en tête du générique d'un film d'Albert Lamorisse, *Fifi la plume*, qui est sélectionné au Festival de Cannes... De nombreux cinéastes la sollicitent : Claude Autant-Lara, Gene Kelly, Jean-Gabriel Albicocco et même Walt Disney qui lui propose de venir

tourner aux États-Unis dans ses studios à Hollywood... Mireille côtoie aussi des acteurs prestigieux comme Louis Seigner de l'Académie française, Michel Etcheverry, Marcel Dalio, Pierre Brasseur... Mais elle décline toutes les propositions : « Je ne désirais que rester à l'Opéra pour danser. »

Le Carmel

Malgré sa passion pour la danse, Mireille Nègre quitte subitement l'Opéra à l'âge de 28 ans. Après un temps d'intense recherche d'un sens à sa vie, elle découvre le Christ en lisant cette citation de l'Évangile : « Venez à moi, vous tous qui peinez et ployez sous le fardeau, et moi je vous donnerai le repos. Prenez mon joug sur vous et recevez mes leçons, car je suis doux et humble de cœur » (Mt 11, 25-30). « La révélation de Jésus a été la plus grande lumière de ma vie », explique-t-elle à ses parents et admirateurs en désarroi. Elle entre au Carmel de Limoges en 1971. Pourquoi le Carmel ? Parce que sainte Thérèse d'Avila incarne cet Amour fou pour le Christ qu'elle ressent elle-même. Pendant dix ans à Limoges, elle expérimente les astreintes de la vie communautaire et aussi la fécondité de l'oraison et du silence. Mais sa santé déclinant elle doit quitter le Carmel sans avoir prononcé ses vœux définitifs. Le cardinal Jean-Marie Lustiger lui propose de continuer sa vocation religieuse sous une forme compatible avec son activité artistique. Elle est instituée vierge consacrée le 31 mai 1986 en la cathédrale Notre-Dame de Paris.

Artiste consacrée

Ayant retrouvé ses forces, Mireille se lance avec une énergie redoublée dans la danse sacrée. Inspirée par l'œuvre charitable de Mère Teresa en Inde, Mireille explique ainsi les nombreuses tournées et galas qu'elle organise en France et à l'étranger : « Mon verre d'eau à moi, sera d'offrir une danse aux assoiffés de beauté et d'espérance. » Les foules se pressent dans les salles de théâtre et sous des chapiteaux pour la regarder danser sur le *Gloria* de Vivaldi. Elle se produit aussi dans les grandes émissions de télévision de Michel Drucker, Jacques Chancel, Yves Mourousi... Désireuse d'initier les enfants à prier avec leurs corps, elle réalise un rêve en créant une académie de danse. Celle-ci est maintenant fréquentée par des élèves de tous âges. Artiste accomplie, Mireille Nègre est aussi une pianiste et une compositrice remarquable. Autres cordes à son arc : elle fait de la poésie et elle peint et enlumine en s'inspirant de paroles bibliques. En peinture, elle pratique la technique mixte : elle utilise à la fois la gouache, le crayon mine de couleur et le fusain...

« La beauté sauvera le monde » écrivait Dostoïevski. Il faut croire que Mireille Nègre en a fait l'intime expérience pour qu'elle veuille nous la transmettre, ainsi par ce livre, en se donnant de tout son art et de toute sa foi.

Michel Cool[1]

1. Éditeur, journaliste et écrivain, il est le coauteur de la première biographie de Mireille Nègre parue en 1984, chez Desclée de Brouwer, sous le titre « Je danserai pour toi ».

S'aventurer jusqu'à l'enfance

« Je crois que l'amour est une enfance glorifiée. À moins de devenir de petits enfants, vous ne pourrez entrer… » (Katherine Mansfield)

L'enfance n'est pas seulement un âge de la vie, loin s'en faut. C'est surtout une manière d'habiter le monde en conservant intacte la meilleure part du cœur humain. En cela elle est le signe d'une aptitude à rester vivant à travers tout, une disposition essentielle, reçue et choisie, à persévérer dans l'amour de la vie. Aux antipodes de la mièvrerie et d'un spiritualisme désincarné, l'esprit d'enfance est le lieu par excellence des paradoxes. Celui du silence comme source de la parole. Celui de la solitude sans isolement. Celui de la fragilité forte.

Le terme *infans* désigne le très jeune enfant qui ne parle pas, dont le silence est la demeure première. Cette dimension de l'enfance qu'est le silence marque la vie tout entière du Verbe fait chair : de la crèche, en passant par la vie cachée de Nazareth, jusqu'à l'ultime offrande du souffle silencieux sur la Croix. L'enfance intacte de Dieu, c'est ce silence où rayonne sa Parole. « Le Père n'a dit qu'une parole : Ce fut son Fils. Et dans un silence éternel Il la dit toujours. L'âme aussi doit l'écouter en silence » (Saint Jean de la Croix).

Au Carmel, cette Parole silencieuse fut la nourriture de Mireille. Dans cette écoute priante, elle retrouva l'essence du geste juste, unique parole de la danseuse consacrée comme de la dessinatrice inspirée qui se dévoile dans ce livre.

Il y a un esprit d'enfance qui survit à l'enfance. Devant les attitudes automatiques et les habitudes usées, l'enfance est en chacun la mémoire d'un espace intérieur où chante une inaltérable fraîcheur de source. Car tout homme abrite, sans toujours l'habiter, un lieu solitaire comparable au désert qui fleurit chanté par le prophète Isaïe (35, 1). De la terre du Carmel, ce jardin de Dieu, « Sœur Mireille du Cœur immaculé et transpercé » a gardé cette saveur d'enfance d'une solitude habitée par la Présence ainsi que l'exigence d'une garde perpétuelle du cœur qui sait durer dans la fidélité sans flétrissure à l'Amour.

Un autre paradoxe de l'esprit d'enfance, c'est l'alliance de la fragilité et de la force. Préférant ce qui brûle à ce qui brille, la danseuse, toujours si vivante sous sa bure de carmélite, vécut l'ascèse comme une initiation à la Voie de Douceur qui fait entrer dans l'enfance du cœur. Mais c'est avec réalisme qu'il faut rappeler combien, « une fois sorti de l'enfance, il faut très longtemps souffrir pour y rentrer, comme tout au bout de la nuit on retrouve une autre aurore » (G. Bernanos). La voie d'enfance est le creuset du plus âpre combat qui consiste à se laisser désarmer par l'Amour pour revêtir sa force.

L'enfance est l'espérance invincible d'un monde sans cesse recréé parce qu'en permanence sauvé du cynisme par la seule puissance d'un regard émerveillé, capable de discerner la grâce cachée sous les espèces du moment présent.

Mireille a consenti à se laisser sauver par l'Enfance d'un Amour qui, un jour, a séduit son être par ces simples mots : « Mettez-vous à mon école, car je suis doux et humble de cœur » (Mt 11, 29). Comme les enfants elle a su puiser avec simplicité et confiance au lieu virginal où fut semée cette promesse de vie en laquelle elle crut, et où elle apprit l'alphabet intérieur pour créer infatigablement en donnant corps à la grâce. Cette foi en l'éternel Amour est le trésor de l'enfance, et « celui qui croit conserve une jeunesse éternelle. » (S. Kierkegaard). C'est justement ce trésor qui affleure à travers les pages de ce livre né de la contemplation du plus bel Événement jamais survenu en ce monde.

Eric de Rus[1]

---

1. Philosophe et poète, Eric de Rus poursuit une œuvre consacrée à la vocation épiphanique de la personne humaine.

Du même auteur

Je danserai pour toi, coécrit avec Michel Cool, DDB, 1984
Alliance, DDB, 1986
Une vie entre ciel et terre, Balland, 1990
Danser sur les étoiles, Balland, 1993
La traversée de l'ombre, Atlantica, 2001
Instants de vie, Atlantica, 2004
Choix et secrets d'une vie, Atlantica, préface de Mgr Jean-Michel di Falco Léandri, 2005
Dans les pas de l'ange, Atlantica, 2006
Inspirations, Atlantica, 2008
L'envol des passions, Atlantica, 2009
L'Art et la Vie. Entretien avec Éric de Rus, Carmel, 2009
Quand la vie prend corps. Essai à deux voix, avec Éric de Rus, préface de Sœur Marie Keyrouz, Cerf, 2012

Discographie

Johannes Brahms, valses, fantaisies, intermezzo, Mireille Nègre au piano, CD (53'), Cassiopée, P. 1996.

Filmographie

« Mireille Nègre, une danseuse consacrée », documentaire de 52' réalisé par Marlène Ionesco. Film disponible en DVD sur le site : www.marleneionesco.com

Sommaire

Préface — p.7

Et Marie frissonne tout à coup — p.11
Jésus voit le jour à Bethléem, dans une crèche — p.15
Des voix chantent dans la nuit étoilée de Galilée — p.19
La Sainte Famille fuit pour échapper à la colère d'Hérode — p.23
Jésus, à trente ans, part sur les routes et choisit ses disciples — p.27
Devant de grandes foules, il parle de son Père en paraboles — p.31
Jésus se compare à une source d'eau rafraîchissante — p.35
Jésus pleure, trahi et abandonné par ses amis — p.39
Durant son agonie, Jésus implore le réconfort de son Père — p.43
Marie se tient au pied de la croix près de son fils — p.47
À Pâques, Marie-Madeleine, découvre le tombeau vide — p.51
Le Seigneur est vivant! Ses disciples l'ont vu et Thomas l'a même touché — p.55
Puis je vis un ange descendre du ciel — p.59
Voici la demeure de Dieu avec les hommes — p.63

La vie extraordinaire d'une danseuse consacrée — p.67
Postface — p.75
Du même auteur — p.78

Achevé d'imprimer sur les presses Corlet
N° d'imprimeur : 161506
Dépôt légal : février 2014